MASTERPIECES OF PIANO MUSIC
JOHANN SEBASTIAN BACH

Amsco Publications
New York/London/Sydney

Order No. AM 37219
International Standard Book Number: 0.8256.2422.3

Exclusive Distributors:
Music Sales Corporation
257 Park Avenue South, New York, NY 10010, USA
Music Sales Limited
8/9 Frith Street, London W1V 5TZ, England
Music Sales Pty. Limited
120 Rothschild Street, Rosebery, Sydney, NSW 2018, Australia

Printed in the United States of America by
Vicks Lithograph and Printing Corporation

The Well-Tempered Klavier Book 1: Prelude No. 1 *in C Major.*

(dim.)
dimin.
(pp)
poco a poco cresc.
f
dim.
p

Fugue No. 1 *in C Major.*

p
cresc.
f
dimin.
p
cresc.
f
dim.
p rallentando

Prelude No. 2 *in C minor.*

(mf)
cresc.
f
Presto
f
Adagio
f
p (recitando)
p
Allegro
rallentando

Fugue No. 2 *in C minor.*

cresc.
f
p
cresc.
f
cresc.
ff
dim. e rallent.
p

Prelude No. 12 *in F minor.*

mf
p
mf
p
cresc.
f

dim.
p
p
cresc.
mf
dim.
p
cresc.
f
p

Fugue No. 12 *in F minor.*

dim.
p
cresc.
f
p
cresc.
f

The French Suites:
Suite No. 3.

mf
f
decresc.
p

COURANTE
Allegro vivace
f
mf
cresc.
dim.

meno f
cresc.
f
mf
f
SARABANDE
Andantino
p
cresc.
dim.
p

p
cresc. poco a poco
p
p
cresc.
dim.
p

MENUET I

Con moto moderato

MENUET II
(Trio)
p
f
p
cresc.
f
p
D.C. Menuet I
ANGLAISE
Vivace
p
cresc.

p
f
dim.
meno f
p
cresc.
f

GIGUE
Allegro

mf
cresc.
f
f
dim.
cresc.
f

Suite No. 4.

p
cresc.
f
dim.
p
cresc.
f

COURANTE

Allegro

f
mf
f
p
cresc.
f
p
f

SARABANDE

Andante

GAVOTTE

Scherzando

MENUET

Allegretto
p
cresc.
f
1.
2.
mf
AIR
Moderato

dim.
p
poco cresc.
mf
cresc.
f
dim.
p
cresc.
f

GIGUE
Allegro vivace
mf
cresc.
f
meno f
cresc.
f

mf
cresc.
f
dim.
meno f
cresc.
f
tr
tr
ff

Suite No. 6.

ALLEMANDE

Allegro moderato

f
meno f
cresc.
f
meno f
cresc.
f
meno f
cresc.
f

COURANTE

Allegro vivace

mf
f
p
cresc.
f
SARABANDE
Andante sostenuto
p
cresc.
f
f
p
cresc.
f
p

GAVOTTE

POLONAISE

Allegretto grazioso

MENUET
Moderato
p
cresc.
f
dim.
p
cresc.
f
dim.
p
BOURRÉE
Vivace
f
dim.
p
cresc.
f

dim.
p
cresc.
f
mf
cresc.
f

GIGUE

Molto allegro

f
p
cresc.
cresc.
f
più f

The English Suites:
Suite No. 3.

PRÉLUDE

Allegro

cresc.

cresc.
f
dim.
p
cresc.
f
fp

cresc.
f
fp

cresc.
f
p
cresc.
f
p
cresc.
f
p
cresc.
f
dim.
poco

a poco
p
cresc. poco a poco
f
dim.
p
cresc.
f

ALLEMANDE

Allegretto moderato

mf
p
cresc.
f
p
cresc.
f

COURANTE

Allegro vivace

cresc.
più f
meno f
cresc.

SARABANDE

Andante sostenuto
mf
p
cresc.
p
p
cresc.
espr.
f
meno f
dim.
espr.
Les agréments de la même Sarabande
mf

p
cresc.
mf
p
p
cresc.
espr.
f
meno f
dim.
p
espr.
cresc.

GAVOTTE I

p
cresc.
f
GAVOTTE II
(ou la Musette)
p dolce
mf
p
pp
D. C. Gavotte I

GIGUE

meno f
cresc.
mf
cresc.
dim.
mf
cresc.

Suite No. 6.

p
cresc.
tr
f
tr
dim.
p
cresc.
dim.

Adagio
tr
Allegro
p
f
dim.
p
cresc.
f
tr
f
dim.
cresc.

f
p
cresc.
f
dim.
p

cresc.
f
dim.
p
cresc.
f
dim.
p cresc.
f
f
p

cresc.
f
p
p
p
cresc.
f
p
cresc.
f
dim.

p
cresc.
dim.
p
cresc.
f
menof cresc.
f
p
cresc.
fp
cresc.

f
ff
meno f cresc.
dim.
p
cresc.
p
cresc.
f

f
p
cresc.
f
f
dim.
p
cresc.

f
f
dim.
cresc.
f

p
cresc.
f
dim.
p
cresc.

f
dim.
p
cresc.
f
dim.
p cresc.
f

ALLEMANDE

Moderato

dim.
cresc.
dim.

COURANTE
Allegro vivace

f
p
cresc.
p
cresc.
dim.
p
cresc.
f

SARABANDE

Andante con moto
f
p
f
meno f
f
dim.
p
pp
cresc.
f
p
DOUBLE
p
cresc.

1.
2.
f
p
cresc.
dim.
poco a poco
1.
2.

GAVOTTE I

Allegretto vivace

GAVOTTE II
(ou la Musette)

GIGUE
Allegro

mf
cresc.
poco
a
poco
cresc.
f
dim.
cresc.
f

meno f

cresc. poco a poco
f
cresc. poco a poco
(ff)
dim. poco a poco
cresc.

Two Minuets *from Suite No. 4*

2.
p (cantando)
cresc.
f
p
cresc.
f
D. C. Menuet I

The Little Notebook: Four Minuets.

2.

3.
f
mf
p
f

4.

Two-Part Inventions: No. 1 *in C Major.*

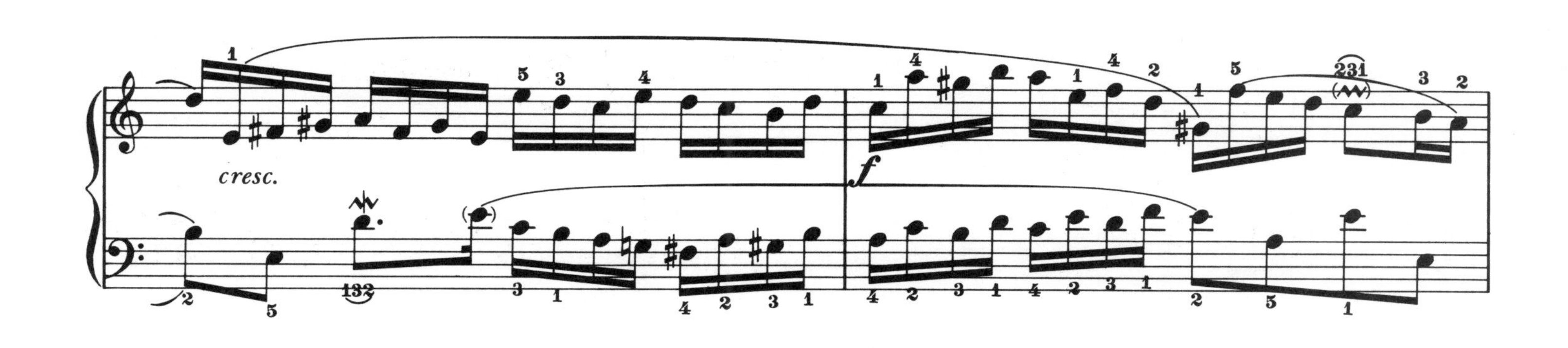
cresc.
f

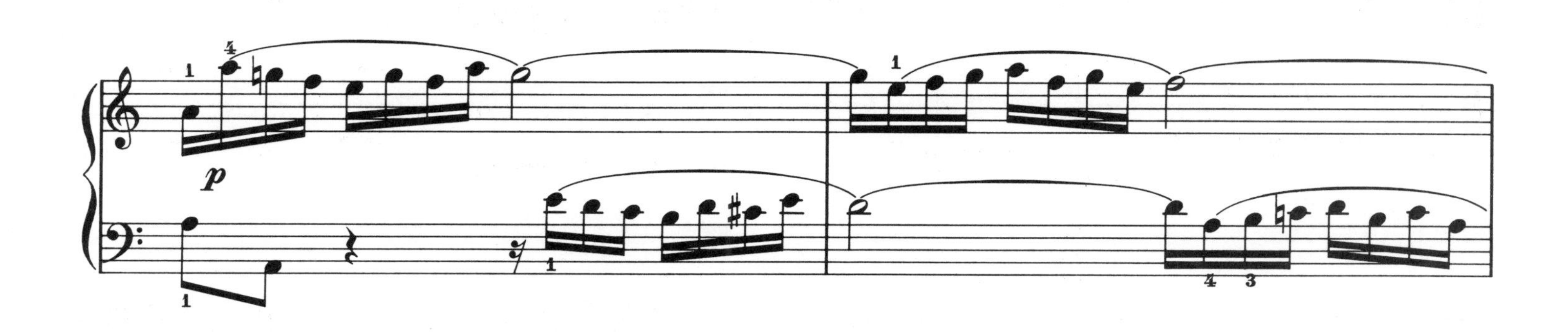
p

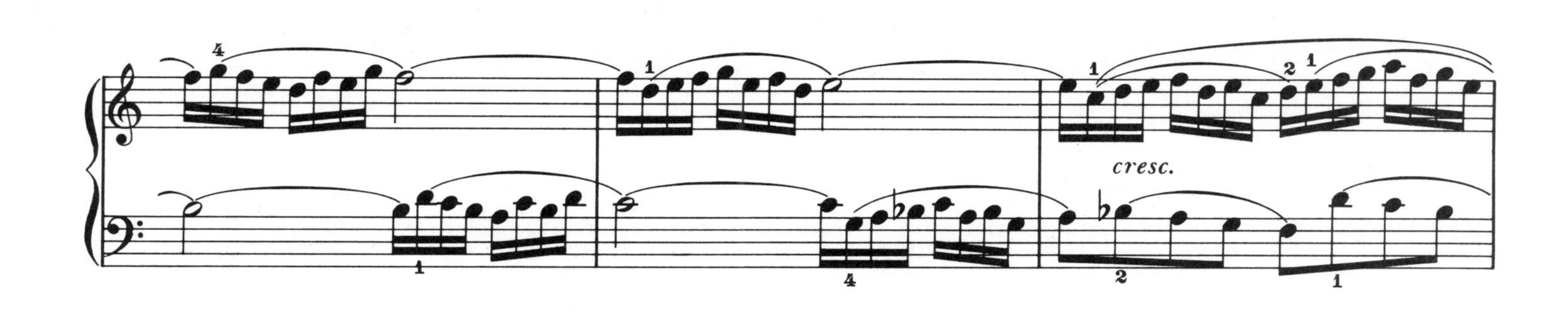
cresc.

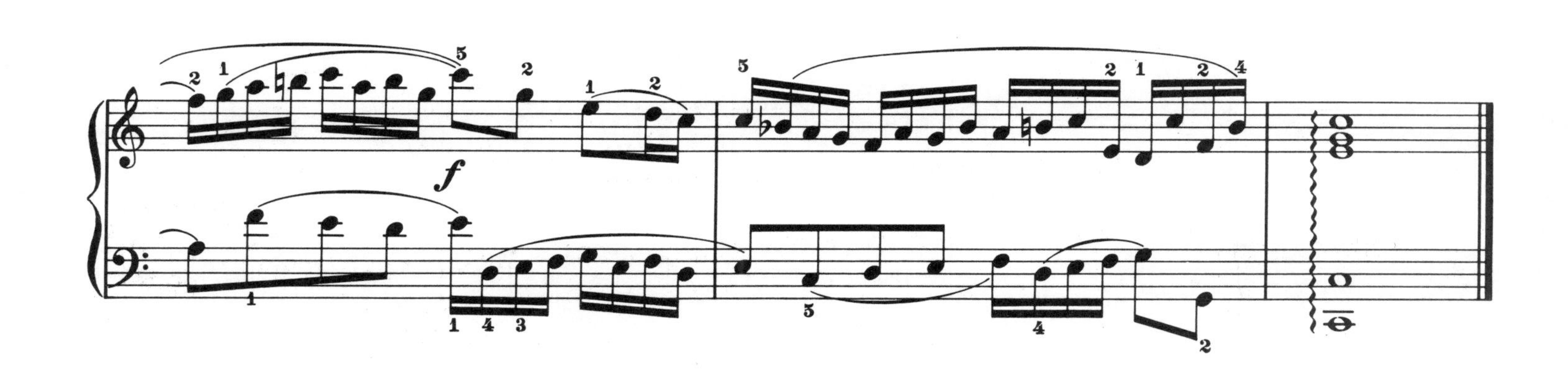
f

No. 2 *in C minor.*

No. 3 *in D Major.*

No. 4 *in D minor.*

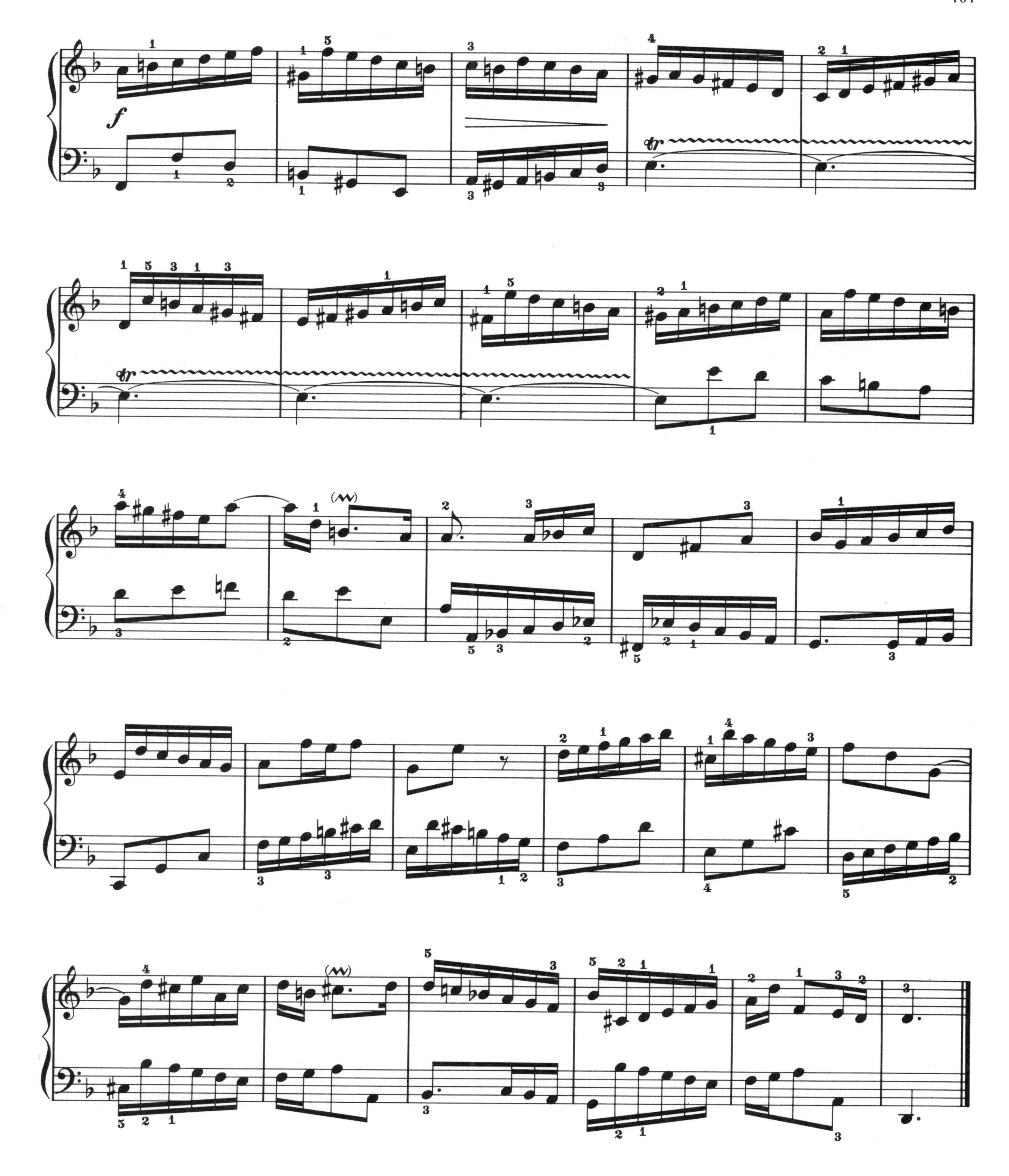
f
tr
tr

No. 8 *in F Major.*

cresc.
f

No. 14 *in Bb Major.*

cresc.
f

No. 15 *in B minor.*

Allegro commodo

p
mf
cresc.
f

Three-Part Inventions: No. 2 in C minor.
Andante con moto

cresc.
sempre f
cresc.

No. 3 *in D Major.*

p
cresc.
f
sempre f
f

No. 9 *in F minor.*

meno f
dim.
p
cresc.
p
cresc.
f

No. 12 *in A Major.*

cresc.
f
mf
f
dim.
cresc.
dim.
p

12 Little Preludes for Beginners.

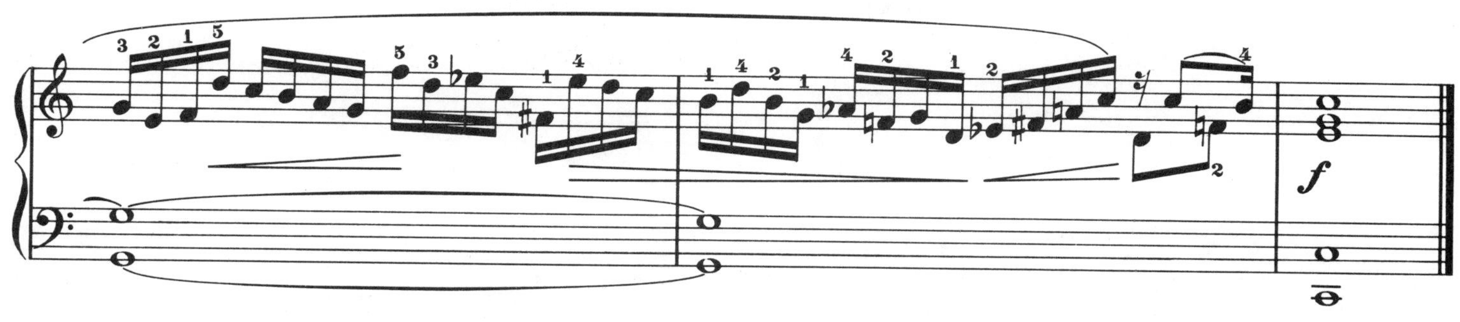

Allegro non troppo
2.
cresc.

Con moto
3.
p
cresc.
(mf)
dimin.
p
poco a poco
cresc.

(f)
poco a poco
dim.
p
poco cresc.

Allegretto moderato
4.
p
cresc.
f
dim.
p
cresc.

f
dim.
p
cresc.
dim.
p
cresc.
mf
dim.
p

Moderato
5.
p
cresc.
mf
p
mf
cresc.
poco a poco dim.
p
cresc.
mf

cresc.
dim.
Andante
6.
dim.

Andantino con moto
7.
p
cresc.
f
dim.
p
un poco cresc.
f
dim.
p

Allegretto vivace
8.
p
cresc.
cresc.
f
mf
poco
a
poco
dim.
p
cresc.
dim.
p
cresc.
f

Allegretto moderato
9.
f
mf
cresc.
f
mf
f
mf
cresc.
f
dim.
p
un poco cresc.

mf
cresc.
f
mf
f
f
mf
f
mf
cresc.
f

Moderato
10.
p
mf
1.
2.
Andantino
11.
p
dim.
cresc.

f
dim.
p
cresc.
f
dim.
p
mf
f
dim.
mf
p

Allegro moderato
12.

6 Little Preludes for Beginners.

Con moto
2.
fp
cresc.
cresc.
dim.
p
cresc.
f

f
f
dim.
p
p
cresc.
f

Allegro
3.
p
cresc.
f
dim.
cresc.
f
tr

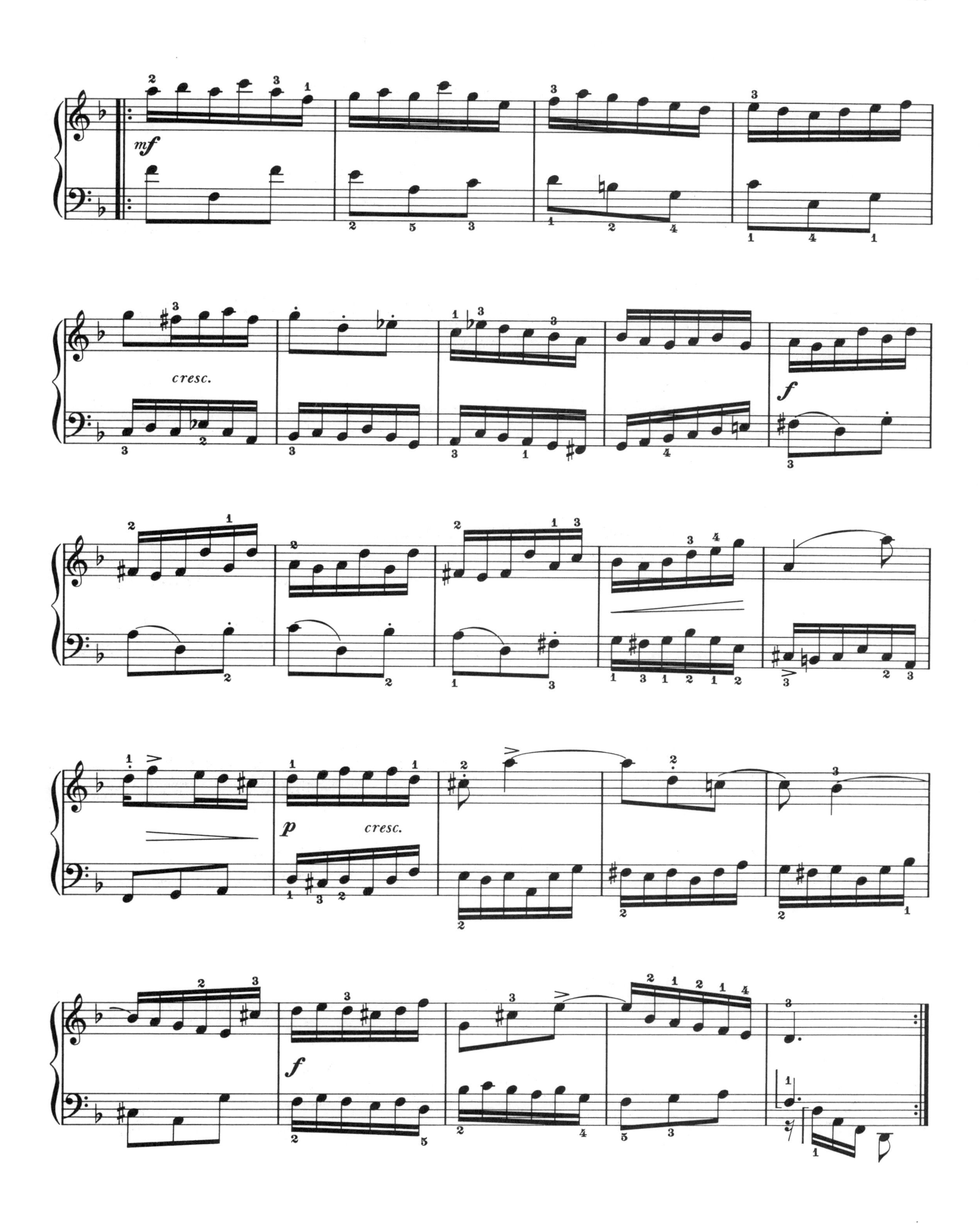
cresc.
cresc.

Andante con moto
4.
p
cresc. poco a poco
f
p
cresc.

decresc.
cresc.
p
poco a poco cresc.
f

Allegretto vivace
5.
p
cresc.
f
p
cresc.
f

p
cresc.
mf
cresc.
dim.
f

Allegro
6.
f
p
cresc.
f
mf
f
mf
cresc.
f
1.
2.
f

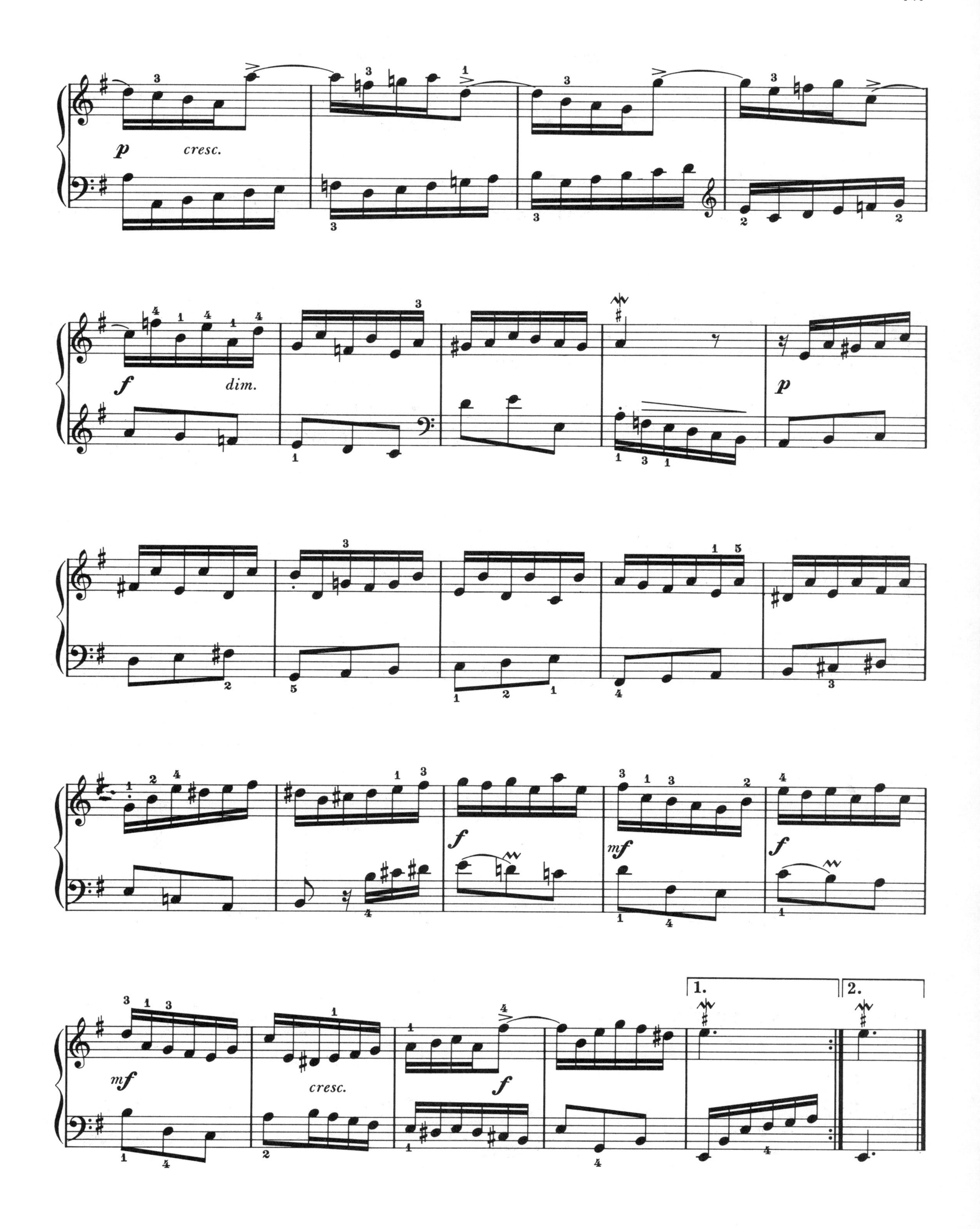
p
cresc.
f
dim.
p
f
mf
f
mf
cresc.
f
1.
2.

Little Two-Part Fugue.

p
p
dim.
cresc.
f

Partita No. 1 *in Bb Major.*

p
cresc.
f
p
dim.
p
cresc.
f

Allemande.
Allegretto.

p
cresc.
mf
p
p
cresc.
f
p
cresc.
f

Corrente.

Vivace.

cresc.
f
dim.
cresc.
f
p
cresc.
f
cresc.
f

Sarabande.
Andante sostenuto.
mf
sf
sf
f
p
mf

Menuet I.
Allegretto.

Menuet II.

Giga.

Vivace.

French Overture.

312
312
53235
1.
2.
Vivace.
mf
f
f
mf
f
dim.

cresc.
f
tr

mf
f

piano
p

mf
f
f

Grave.

Courante.

Allegro.

Gavotte I.
Allegro.

Gavotte II.
L'istesso tempo.
tr
Gavotte I da capo
Passepied I.
Allegretto.
mf

mf
f
Passepied II.
L'istesso tempo.
p
p
Passepied I da capo

Sarabande.
Andante espressivo.
mf
cresc.
f
dim.
p
cresc.

Bourrée I.
Vivace.

Bourrée II.
Poco più tranquillo.
cresc.
dim.
p

(Bourrée I da capo)
Gigue.
Allegro.
f
mf
cresc.
f

f
mf
cresc.
f
p
cresc.
poco
a
poco
f
cresc.
più f

Echo.

Allegro non troppo.

f
(f)
(f)

Concerto *In F Major.*

5:14'

p
cresc.
forte
forte

353
dim.
p
cresc.
f
cresc.
più f
(mf)

cresc.
f
mf
tr
tr

f
p
cresc.
f

f
dim.
p
cresc.

mf
f
dim.
p
cresc.
f
più f

Andante.

cut
to here
END

END
to here

Presto.
f
mf

cresc.
f
p
mf